Timo Arntz

Wissensmanagement durch ein Firmenintranet - Anforden

I0012997

GRIN - Verlag für akademische Texte

Der GRIN Verlag mit Sitz in München hat sich seit der Gründung im Jahr 1998 auf die Veröffentlichung akademischer Texte spezialisiert.

Die Verlagswebseite www.grin.com ist für Studenten, Hochschullehrer und andere Akademiker die ideale Plattform, ihre Fachtexte, Studienarbeiten, Abschlussarbeiten oder Dissertationen einem breiten Publikum zu präsentieren.

**Dokument Nr. V39758 aus dem GRIN Verlagsprogramm**

Timo Arntz

# Wissensmanagement durch ein Firmenintranet - Anforderungen an ein Unternehmen

GRIN Verlag

Bibliografische Information der Deutschen Nationalbibliothek: Die Deutsche Bibliothek
verzeichnet diese Publikation in der Deutschen Nationalbibliografie; detaillierte bibliografische Daten sind im Internet über http://dnb.d-nb.de/ abrufbar.


1. Auflage 2004
Copyright © 2004 GRIN Verlag
http://www.grin.com/
Druck und Bindung: Books on Demand GmbH, Norderstedt Germany
ISBN 978-3-638-65517-0

# Hausarbeit

**Thema:** **Wissensmanagement durch ein Firmenintranet -
Anforderungen an ein Unternehmen**

**Studiengang:** Betriebswirtschaftslehre

# Inhaltsverzeichnis

# Abbildungsverzeichnis

# Abkürzungsverzeichnis

| | |
|---|---|
| ASP | Application-Service-Provider |
| bzw. | beziehungsweise |
| etc. | et cetera |
| HTML | Hyper Text Markup Language |
| TCP / IP | Transmission Control Protocol / Internet Protocol |
| WM | Wissensmanagement |
| WMS | Wissensmanagementsystem |
| z.B. | zum Beispiel |

# 1. Einleitung

‚Wenn wir nur wüssten, was wir wissen' klagen Unternehmensmanager weltweit und wissen dabei zumindest, dass sie dieses Nicht-Wissen Marktanteile kostet. Wissensbasiertes Management wird mehr und mehr zur wichtigsten Führungsaufgabe.[1]

Wie Untersuchungen renommierter Forschungseinrichtungen (z.B. Fraunhofer-Institut oder Meta-Group) belegen, sind derzeit 75 Prozent des generierten Mehrwerts in Unternehmen auf spezifisches Wissen zurückzuführen. Deutlich wird das angesichts der Tatsache, dass zahlreiche „wissensintensive" Unternehmen sowohl in der „New"- (z.B. Biotechnologieunternehmen) als auch in der „Old"-Economy (z.B. Medienunternehmen) in den vergangenen Jahren spektakuläre Erfolge erzielt haben. Management-Professoren in den USA und Europa vertreten die Ansicht, dass der Wert des intellektuellen Kapitals von Unternehmen den ihres materiellen Kapitals bereits in zahlreichen Fällen um ein Mehrfaches übertrifft. Diese Verschiebung setzt sich weiter fort und beruht auf einer makroökonomischen Dynamik, die insbesondere durch die „Revolution" in der Informations- und Kommunikationstechnologie gefördert wird. Die Wichtigkeit der Ressource Wissen als Produktions- und Wettbewerbsfaktor steigt weiter.[2]

In dieser Hausarbeit möchte ich zeigen, wie der Produktions- und Wettbewerbsfaktor Wissen für Unternehmen angewandt, dargestellt und in einem Unternehmensintranet integriert werden kann, welche Chancen das Management von Wissen für Unternehmen birgt und welche Anforderungen dadurch an Unternehmen gestellt werden.

---

[1] vgl. Euroforum (Hrsg.): Informations- und Wissensmanagement im Intranet. Mainz 2003, S. 1 verfügbar unter: http://www.euroforum.de/DATA/pdf/P16071.pdf, Stand 21.10.2003

[2] vgl. Gerber / Trojan: Ressource Wissen besser nutzen. 2002, S. 1 verfügbar unter: http://www.wissensstrategie.de/arbeitsrecht.pdf, Stand 21.10.2003

# 2. Definitionsklärung

Zentrale Begrifflichkeiten der vorliegenden Arbeit sind in der Literatur und im allgemeinen Sprachgebrauch häufig mit den unterschiedlichsten Bedeutungen belegt. Um Missverständnisse und Fehlinterpretationen zu vermeiden, werden die Begriffe Wissen, Wissensmanagement und Intranet nachfolgend im Detail berücksichtigt.

## 2.1. Daten – Informationen - Wissen

Die Frage, was Wissen ist und wie es entsteht, gehört zu den grundlegenden Fragestellungen der Philosophie. Die Grundlage bildet hierbei die Semiotik, die Theorie der Zeichen mit ihren drei Dimensionen Syntax, Semantik und Pragmatik (siehe Abbildung 1). Zeichen (Buchstaben, Ziffern, Sonderzeichen) werden durch Ordnungsregeln (einen Code oder eine Syntax) zu Daten. Daten sind Symbole, die noch nicht interpretiert sind, d.h. es handelt sich um beliebige Zeichen bzw. Zeichenfolgen; dies können Zahlen, wie z.B. 5, 18, 99 oder auch ein grünes Licht einer Ampel sein. Zu Informationen werden diese Daten jedoch erst, wenn ein Bezug hergestellt wird, z.B. das grüne Licht der Ampel schaltet alle zwei Sekunden um. Informationen sind also Daten, die in einem Prozess der Erkenntnisgewinnung (Bedeutungskontext) stehen und aus betriebswirtschaftlicher Sicht zur Vorbereitung von Entscheidungen und Handlungen dienen. Diese Informationen sind wertlos für Betrachter, die sie nicht mit anderen aktuellen oder in der Vergangenheit gespeicherten Informationen vernetzen können. Aus dieser Sicht ist Wissen der Prozess der zweckdienlichen Vernetzung von Informationen – es entsteht als Ergebnis der Verarbeitung von Informationen.[3] Wissen ist an Personen gebunden und befindet sich ausschließlich im Gedächtnis (kognitives Subsystem) der Mitarbeiter; es ist subjektrelativ, perspektivisch, zweckrelativ sowie kontextgebunden.

Abbildung 1: Daten – Informationen – Wissen entnommen aus Wolf / Decker / Abecker, 1999

---

[3] vgl. North, Klaus: Wissensorientierte Unternehmensführung. Wiesbaden 2002, S. 38

Neben dem fundamental analytischen Herangehen aus der Sicht der Semiotik ist es zur Klärung des Wissensbegriffs auch häufig nützlich, komplementäre Begriffspaare zu betrachten. Die vielleicht wichtigste Unterscheidung ist die von Nonaka & Takeuchi intensiv diskutierte Beziehung zwischen implizitem und explizitem Wissen. Implizites Wissen lässt sich nur unvollständig formalisieren, ist schwer kommunizierbar und teilbar. Es ist in den Köpfen einzelner Individuen gespeichert *(embodied knowledge)* und beinhaltet sowohl kognitive Elemente wie subjektive Einsichten, Wahrnehmungen, Intuition, Erfahrung, Gefühle, Wertvorstellungen und Ideale als auch eine technische Komponente.[4] Diese repräsentiert das Know-how, das technische Können, Fähigkeiten und Kompetenzen, die zur Erfüllung von Aufgaben notwendig sind, welche aber nicht oder nur unvollständig beschreibbar sind. Explizites Wissen ist beschreibbares, formalisierbares, zeitlich stabiles Wissen, welches standardisiert, strukturiert und methodisch in sprachlicher Form in Dokumentationen, Datenbanken, Patenten, Produktbeschreibungen, Formeln, aber auch in Systemen, Prozessen oder Technologien angelegt werden kann. Es ist in Medien gespeichert *(disembodied knowledge)* und kann mittels Computersystemen verarbeitet, übertragen und gespeichert werden.[5] Nach Nonaka & Takeuchi können beide Wissensformen (zumindest partiell) ineinander überführt werden. Dies ist vor allem wichtig, wenn implizites Wissen in einer recherchierbaren Form gespeichert werden soll. (siehe Abbildung 2)

|  | **Nach** | |
|---|---|---|
|  | **Implizit** | **Explizit** |
| **Implizit** **Von** | Sozialisation | Externalisierung |
| **Explizit** | Internalisierung | Kombination |

Abbildung 2: Wissensformen implizit - explizit entnommen aus Wolf / Decker / Abecker, 1999

Der erste Prozess ist die Wandlung von implizit zu implizit (Sozialisation). Hierbei werden innere Werte, Normen und Moralvorstellungen durch Vorleben unbewusst auf andere übertragen. Der zweite Prozess ist die Externalisierung. Dies ist die zentrale Umwandlungsform für ein effektives Wissensmanagement, denn hier liegt die Voraussetzung zur Schaffung neuen Wissens. In dieser Phase erfolgt die Übermittlung impliziten Wissens in

---

[4] vgl. Wolf / Decker / Abecker: Unterstützung des Wissensmanagements durch Informations- und Kommunikationstechnologie. Heidelberg 1999, S. 3 verfügbar unter: http://wi99.iwi.uni-sb.de/teilnehmer/pdf-files/EF_36_WiB101.pdf, Stand 24.10.2003

[5] vgl. ebenda, S. 4

8

explizite Konzepte, d.h. bislang unausgesprochenes, personengebundenes Wissen wird anderen zugänglich gemacht. Der dritte Prozess ist die Wandlung von explizit zu explizit (Kombination), dies kann beispielsweise durch kopieren von Dokumenten erfolgen, welche Informationen enthalten die in einem Individuum Wissen erzeugen. Der vierte Prozess erfolgt durch Wandlung von explizitem zu implizitem Wissen (Internalisierung). Dieser Prozess entspricht klassischem Lernen, wenn ein Mensch beispielsweise ein Buch liest und sich dabei Wissen aneignet.

Es soll an dieser Stelle nicht unerwähnt bleiben, dass die Externalisierung von komplexem Wissen ein nahezu unmögliches Unterfangen darstellt, beispielsweise Fahrrad fahren.

## 2.2. Wissensmanagement

Wissensmanagement (WM) ist die Disziplin des systematischen Erfassens, Nutzens und Bewahrens von Expertise und Informationen, um die Effizienz, Kompetenz, Innovation und Reaktionsfähigkeit der Organisation zu verbessern. WM umfasst alle Methoden, Werkzeuge und kritischen Aspekte einer Organisation, die zu seiner Anpassung, Kompetenzbewahrung und -erweiterung notwendig sind, um auf Änderungen des Marktes, die nicht notwendigerweise kontinuierlich und zentralisiert auftreten, effektiv und effizient reagieren zu können. WM handhabt insbesondere die Informationen zu Geschäftsprozessen sowie die kreativen und innovativen Fähigkeiten der Mitarbeiter.[6] Zu diesem Zweck sind organisatorische Maßnahmen ebenso notwendig wie der zweckmäßige Einsatz von Informations- und Kommunikationssystemen. Gestaltet werden müssen der Informationsfluss und die Regelungsmechanismen für Zugang und Lieferung, Suche und Bereitstellung, Nachfrage und Angebot von Informationen. Das WM muss die Unternehmenskultur beeinflussen, um die Anpassbarkeit, Effizienz und Kreativität einer Organisation bei der Aufnahme und Verwendung von Informationen selbständig weiterzuentwickeln und zu verbessern.[7] Kernaufgaben des WM sind:

- das benötigte Wissen an der richtigen Stelle zur richtigen Zeit verfügbar zu machen
- vorhandenes Wissen weiterentwickeln und neues Wissen dazugewinnen
- Wissen optimal nutzbar und anwendbar gestalten[8]

---

6 vgl. TU München (Hrsg.): Definition Wissensmanagement verfügbar unter: http://www11. in.tum.de/lehre/lectures/ws2001-02/cscw/extension/html/cscw_course5.8.3.html, Stand 08.09.2003
7 vgl. Höring Management Consulting (Hrsg.): Definition Wissensmanagement verfügbar unter: http://www.hmc-cp.de/def/def_wissmgt.htm, Stand 08.09.2003
8 vgl Wolff, Peter K.: Wertschöpfung durch Wissensmanagement. verfügbar unter: http://www.die-wissensmanager.de/content/wertschoepfung_durch_wissensmanagement.pdf, Stand 21.08.2003    9

## 2.3. Intranet

Der Begriff Intranet wurde von dem Begriff des Internets abgeleitet. Intranet ist ein internes, auf dem TCP / IP – Standard (Transmission Control Protocol / Internet Protocol) basierendes Netzwerk. Ziel eines Intranets ist es, Anwendungen und Informationen innerhalb des Unternehmens über eben jenes Intranet unabhängig von Hardware, Betriebssystem und Softwareprodukten verfügbar zu machen.

Das Intranet (intra - nach innen gerichtet) ist ein verkleinertes Abbild des großen Bruders Internet. Im Gegensatz zu diesem ist das Intranet jedoch ein in sich geschlossenes Netzwerk. Meist handelt es sich hierbei um ein Firmen-Intranet, das einem begrenzten Personenkreis (hier: den Mitarbeitern) zugänglich ist und den Zugriff auf abteilungsspezifische Unternehmensdaten und Neuigkeiten zum Unternehmen ermöglicht. Das Intranet verbessert somit das vernetzte Arbeiten im Team und gleichzeitig die interne Kommunikation zwischen Firmenleitung und Mitarbeitern.[9] Bei der Suche nach Informationen helfen, wie im Internet auch, Suchmaschinen, deren Zentralverwaltung über einen Index läuft, welcher den Intranetseiten Schlüsselbegriffe zuordnet und charakterisiert.[10]

Die wichtigsten Charakteristika und Vorteile eines Intranets sind:

- Informationsaktualisierung wird vereinfacht, da nicht ständig komplett neue Dokumente erstellt werden müssen
- moderne Textverarbeitungsprogramme können diese Dokumente direkt in ein HTML-Dokument (Hyper Text Markup Language) umwandeln, wodurch Informationen schneller und effizienter verteilt werden
- Kopier-, Vervielfältigungs-, Distributions- sowie Druckkosten entfallen, da sie in digitaler Form gespeichert werden
- standortungebundene Personen können leicht integriert werden, zudem kann die Zahl von Meetings und Konferenzen reduziert werden[11]

---

[9] vgl. OsthusEBusiness (Hrsg.): Definition Intranet verfügbar unter: http://www.osthus.de /Service/Glossar/Intranet, Stand 09.09.2003

[10] vgl. Schwarze, Jochen: Einführung in die Wirtschaftsinformatik. 5., völlig überarbeitete Auflage, Herne/Berlin 2000, S. 125

[11] vgl. ebenda, S. 125

# 3. Integration vom WM im Firmenintranet – Anforderungen an Unternehmen

Um das WM in einem Unternehmen anzuwenden bzw. in ein Intranet zu integrieren bedarf es einiger wichtiger Faktoren. Im Folgenden werde ich spezieller auf die für mich beiden wichtigsten Faktoren Mensch und Technik respektive Hard- und Software eingehen.

## 3.1. Faktor Mensch

Je mehr sich die Wirtschaft hin zu wissensbasierten Organisationen, wie z.B. Beratungsunternehmen, entwickelt, desto bedeutungsvoller wird es für den Unternehmenserfolg, die Mitarbeiter im Unternehmen zur Nutzung, Teilung und Entwicklung ihres Wissens zu bewegen. Anreizsysteme, die die Motivationsstrukturen hochqualifizierter Mitarbeiter berücksichtigen, gewinnen in der Folge an Bedeutung. Während herkömmliche Formen der leistungsbezogenen Entlohnung vielfach auf extrinsischer Motivation aufbauen, ist für die Wissensteilung und Wissensentwicklung die intrinsische Motivation ausschlaggebend.[12]

Bei der Ausgestaltung wissensorientierter Anreizsysteme ist zu beachten, dass jeder Mitarbeiter des Unternehmens ein Wissensträger ist, den es durch individuell gestaltbare Anreizsysteme zur Erreichung der Wissens- und Unternehmensziele zu motivieren gilt. Doch die Bezugsgröße für Wissensmanagement ist schwer zu definieren: Die bloße Menge an Wissen, die ein Mitarbeiter erwirbt und kollektiv verfügbar macht, stellt keine geeignete Bezugsgröße dar, da sie keinen Rückschluss auf Nutzen und Qualität zulässt. Aus diesem Grund sollten mit den Mitarbeitern konkrete Wissensziele als Bezugsgröße für das Anreizsystem vereinbart werden.[13]

## 3.1.1. Gruppenbezogene Vergütung

Hierbei vergibt ein Unternehmen keinen individuellen Bonus, sondern macht diesen abhängig von Team-, Bereichs- und Unternehmensergebnissen. Die Mitarbeiter werden dadurch motiviert, gemeinsam Verbesserungsvorschläge zu erarbeiten und zu realisieren. Eine andere

---

[12] vgl. Steufmehl, Ingo: Wissens - & Medienmanagement für Pädagogen. S. 1 verfügbar unter: http://www.unibw-muenchen.de/campus/Paed/we2/mp/Studienhilfen/Texte/Steufmehl/bausteine wissensmanagement 2.pdf, Stand 21.10.2003; Herbst, Dieter: Erfolgsfaktor Wissensmanagement. Berlin 2000, S. 142 f.

[13] vgl. Herbst, Dieter: Erfolgsfaktor Wissensmanagement. Berlin 2000, S. 142 f

Möglichkeit ist die Kopplung eines erheblichen Teils des Gehaltes an den Gesamterfolg des Unternehmens. Durch diesen finanziellen Anreiz werden die Mitarbeiter motiviert, im Sinne des Gesamterfolgs des Unternehmens zu handeln.[14]

## 3.1.2. Management by Knowledge Objectives

Hier werden zwischen Vorgesetztem und Mitarbeiter Ziele vereinbart, die Verantwortung jedes Einzelnen in Form von erwarteten Ergebnissen definiert und das Ergebnis schließlich anhand von Soll/Ist-Vergleichen gemessen. Dabei sind die operativen und strategischen Wissensziele Ausgangspunkt der Zielvereinbarungen. Die Ziele können sich sowohl auf die Erweiterung der persönlichen Kompetenz richten als auch auf die Weitergabe von Wissen (z.B. beim Einarbeiten eines Nachfolgers). Die Qualifizierungsziele werden periodisch gemessen und angepasst. Der Mitarbeiter selbst ist aufgefordert, sich an der Zielbildung zu beteiligen.[15]

## 3.1.3. Integration von Wissenszielen in Arbeitsprozesse

Eine andere Variante der Zielvereinbarungen ist die Integration von Wissenszielen in den Arbeitsprozess, an dem dann die Entlohnung anknüpft. So kann z.B. bei einem Beratungsunternehmen die Leistung der Berater nach verschiedenen Kriterien bewertet werden, wovon eines lautet: ‚Beitrag zum Wissensbestand der Firma sowie dessen Nutzung'. Bei einem anderen Unternehmen wird ein Teil der Entlohnung des einzelnen Mitarbeiters von seinen Aktivitäten bei der Wissensweitergabe (z.B. in so genannten Lessons Learned) bestimmt. Die Wissensunterstützung geht in die jährliche Mitarbeiterbeurteilung ein.[16]

## Fazit

Die Bereitschaft zu Wissensaustausch und Wissensgenerierung wird in Zukunft immer mehr den Unternehmenserfolg bestimmen, so dass die Unternehmensleitung in besonderer Weise gefordert ist, die Mitarbeiter dahingehend zu motivieren. Sie sollte in die aktive und systematische Gestaltung der Anreizsysteme für ihre Mitarbeiter mehr Engagement

---

[14] vgl. Steufmehl, Ingo: Wissens - & Medienmanagement für Pädagogen. S. 1 verfügbar unter: http://www.unibw-muenchen.de/campus/Paed/we2/mp/Studienhilfen/Texte/Steufmehl/bausteine wissensmanagement_2.pdf:, **Stand 21.10.2003**
[15] vgl. ebenda S. 2 f.
[16] vgl. ebenda S. 3 f.

investieren, als dies bislang in den meisten Unternehmen im Rahmen von Wissensmanagement der Fall ist. Insbesondere sollten intrinsische Motive durch entsprechende Anreize unterstützt werden. Die Unternehmensleitung leistet damit einen maßgeblichen Beitrag zu einer zeitgemäßen, mitarbeiterorientierten, zugleich wissensbejahenden Unternehmenskultur. Jedoch sollte der Faktor Technik in Bezug auf die Nutzer des WMS (Wissensmanagementsystems) mit berücksichtigt werden. Die Nutzer des WMS sollten bereits von vornherein mit an einer Integration eines solchen Systems beteiligt werden.

## 3.2. Faktor Technik

Das Intranet ist ein Bausatz, aus dem sich das Unternehmen einzelne Bausteine zusammensetzen kann. Bevor es sich zur ‚Firmenspielwiese' entwickelt, was es oft tut, sollte jedes Unternehmen prüfen, was genau es mit dem Intranet bezweckt: dient es zur Information oder ist es eine zentrale Arbeitsplattform? Soll es nur aktuelle Informationen bieten oder auch Austausch ermöglichen? Haben alle Mitarbeiter Zugang oder ist der Zugang auf bestimmte Bezugsgruppen begrenzt?
Die Möglichkeiten des Intranets lassen sich mit drei Begriffen beschreiben: Information, Kommunikation, Transaktion. [17]

## 3.2.1. Hardware

Die technologische Basis des WM sind intranetbasierte Lern- und Arbeitsplattformen. Sie können in die vorhandene IT-Infrastruktur der Unternehmung implementiert oder als Leistung eines Application-Service-Providers (ASP) in Anspruch genommen werden. Auf die Hardware bezogen, ermöglicht ein Computer mit Intranetzugang sowohl ‚Wissendem' als auch ‚Wissenssuchendem' die Inanspruchnahme des angebotenen Services. Zusätzlich wird ein Internet-Browser, ein Dokumentenreader, ein E-Mail-Programm etc. benötigt.

## 3.2.2. Software

In die Lern- und Arbeitsplattform respektive in ein WMS werden die multimedialen und interaktiven Bildungsinhalte vom ‚Wissenden' eingestellt, die der ‚Wissenssuchende' im

---

[17] vgl. Herbst, Dieter: Erfolgsfaktor Wissensmanagement. Berlin 2000, S. 129

Intranet abrufen und nutzen kann. In der folgenden Abbildung stelle ich eine mögliche Architektur für ein WMS dar. Nachfolgend gehe ich noch explizit darauf ein.

| 1. Schnittstellen | Knowledge Portal |
|---|---|

| 2. Dienste | Discovery Services | Collaboration Services | Publishing Services | Template Services |
|---|---|---|---|---|

| 3. Taxonomie | Knowledge Map, Kategorisierung/Indexierung |
|---|---|

4. Informations-
und Prozess-
management

| | Knowledge Repository | | | | |
|---|---|---|---|---|---|
| Template | Struktur (Metadaten) | Content | Benutzer | Rechteverwaltung |

| 5. Kommunikation | E-Mail, Fileserver, Suchmaschinen, Virtual Communities |
|---|---|

| 6. Quellen | Texte | Daten-banken | Dokumenten-archive | E-Mail | Personen-verzeichnis | Quellen im www | audio-/ visuelle-Daten | ... |
|---|---|---|---|---|---|---|---|---|

Abbildung 3: Architektur eines WMS aus Haak, Liane, 2002

*1. Schnittstellen*

Das Knowledge-Portal stellt die Benutzerschnittstelle dar – meist ein WMS. Die Anwender erhalten nach der Anmeldung im System Zugriff auf die Benutzeroberfläche. An die Portale werden hohe Ansprüche bezüglich der Bedienbarkeit und Benutzerfreundlichkeit gestellt. Diese, auch als „Usability" bezeichneten Eigenschaften können über die Benutzerakzeptanz und damit über Erfolg bzw. Misserfolg eines WMS entscheiden.[18]

*2. Dienste*

Innerhalb der Architektur wird auf der Ebene der Wissensmanagementdienste der Funktionsumfang des Systems zur Verfügung gestellt. Das Ziel des Collaboration-Ansatzes ist es, eine gemeinsame Arbeitsplattform für die Mitarbeiter einer Organisation oder Organisationseinheit zu schaffen. Die Informationsverteilung ist frei und individuell und wird

---

[18] vgl. Gronau, N.: Das Knowledge Content Management System - Ein Konzept zur Integration von Content Management und Wissenmanagement, DNUG-Arbeitskreis Knowledge Management, Bonn 17.06.2002, S. 7 f. verfügbar unter: http://www-wi.informatik.uni-oldenburg.de/homepage/oldenburg .nsf/0/f353a968e083e24cc1256c620032645f/$FILE/Vortrag%20WI-2002-04.pdf, Stand 21.10.2003 14

nicht zentral gesteuert. Eine klare Rollenteilung mit definierten Rechten und Pflichten gibt es nicht. Er zielt auf die schnelle und zielgenaue Verteilung sowie die Aktualität der Informationen ab und soll die Kommunikation und Kooperation der Mitarbeiter unterstützen. Das Lay-out und die Präsentation der Inhalte spielen eine untergeordnete Rolle. Typische Funktionen für Collaboration Services sind dynamische Workflows, E-Mail, Videokonferenzen, Projektverwaltung und Newsgroups. Discovery Services enthalten die Volltextrecherche und Suchalgorithmen. Zusätzlich können auch semantische Verfahren, Data-Mining oder Agenten integriert werden. Hier erhält man eine Benachrichtigung, wenn Dokumente oder Beiträge neu eingestellt oder verändert wurden. Der Publishing-Ansatz basiert auf einer klaren Rollenverteilung zwischen Autor, Redakteur (Content-Manager) und Leser: Der Autor erstellt die Inhalte, der Redakteur bearbeitet diese redaktionell, strukturiert sie, nimmt die Qualitätssicherung vor und gibt die Inhalte schließlich für den Leser frei. Die Informationsverteilung ist damit primär unidirektional. Beim Publishing-Ansatz gibt es wenige Autoren und Redakteure, aber viele Leser; die Ansprüche an eine einheitliche Struktur, an die Qualität und das Lay-out der Publikationen sind sehr hoch. Im Mittelpunkt dieses Ansatzes stehen die Inhalte und der zugehörige Erstellungs- und Verteilungsprozess. Publishing Services unterstützen die Einstellung von Daten ins Intranet. Template Services bieten Unterstützung bei der Erstellung von Bausteinen und Schablonen für z.B. Webseiten.[19]

*3. Taxonomie*

Die Knowledge Map ermöglicht eine hierarchische Übersicht über das im System vorhandene Wissen. Des Weiteren wird eine einfachere und schnellere Navigation ermöglicht durch Klassifikation und Indexierung der Informationen respektive der Daten, unabhängig von der Quelle im System.[20]

*4. Informations- und Prozessmanagement*

Das Knowledge-Repository ist auf der Ebene des Informations- und Prozessmanagement angesiedelt. Es dient als Aufbewahrungsort aller Schablonen und Vorlagen (Template), weiterhin werden Zugriffe auf Bereiche, Dokumente und Diskussionen verwaltet und geregelt

---

[19] vgl. Gronau, N.: Das Knowledge Content Management System - Ein Konzept zur Integration von Content Management und Wissenmanagement, DNUG-Arbeitskreis Knowledge Management, Bonn 17.06.2002, S. 7 f. verfügbar unter: http://www-wi.informatik.uni-oldenburg.de/homepage/oldenburg .nsf/0/f353a968e083e24cc1256c620032645f/$FILE/Vortrag%20WI-2002-04.pdf, Stand 21.10.2003

[20] vgl. ebenda, S. 5

(Rechteverwaltung) und es werden Interessenprofile und Yellowpages angelegt (Benutzer).[21]
Hier werden zusätzliche Informationen verwaltet (Metadaten[22]).

*5. Kommunikation*

Die Kommunikation und Interaktion wird durch File-Server-Technologie, E-Mail-, Intra- und
Internetdienste, sowie durch Suchmaschinen und ‚Virtual Communities' (siehe Kapitel 4.3)
sichergestellt.

*6. Quellen*

Externe Quellen sind: Textverarbeitung, Datenbanken, Dokumentenmanagementsysteme,
E-Mail, Internet, etc.

## Zusammenfassung

Der Aufbau eines umfassenden WMS sollte immer als ein strategisches Projekt mit mittel- bis
langfristiger Laufzeit betrieben werden. Hierbei ist es von entscheidender Bedeutung, dass ein
WMS sukzessive, d.h. in kleinen Schritten aufgebaut wird. Auf dem Weg zu einem
umfassenden Wissensmanagement sollten verschiedene Business Solutions (z.B. die
Einführung eines Kompetenz- / Karrieremanagementsystems, oder die Integration eines
Mitarbeiterportals) erfolgswirksam umgesetzt werden. Das WMS wird auf bereits
existierende Systeme aufgesetzt. Dabei steuert das WMS als übergeordnete Architektur das
integrative Zusammenwirken von Daten und Informationen hin zu dessen spezifischen
Ownern und Usern. Es ermöglicht den Transport von qualifizierten Informationen aus dem
Geschäftsbetrieb für eine zielgerichtete Kommunikation, sogar ohne Kommunikations-
notwendigkeit der Mitarbeiter. Mit dem Einsatz eines WMS entsteht ein Wissensnetz. Daher
ist es wichtig, das System so offen zu gestalten, dass nahezu jeder Aspekt dem WMS
zugänglich gemacht werden kann.

---

[21] vgl. Gronau, N.: Das Knowledge Content Management System - Ein Konzept zur Integration von
Content Management und Wissenmanagement, DNUG-Arbeitskreis Knowledge Management, Bonn
17.06.2002, S. 4 verfügbar unter: http://www-wi.informatik.uni-oldenburg.de/homepage/oldenburg
.nsf/0/f353a968e083e24cc1256c620032645f/$FILE/Vortrag%20WI-2002-04.pdf, Stand 21.10.2003
[22] Angesichts des immensen Anstiegs der Informationsfülle im World Wide Web gewinnen
Metadaten einen großen Stellenwert, da ohne Information über die gesuchten Informationen eine
effektive Nutzung des Internets als Wissensquelle sehr schwierig wird. Die Suche im Internet mit
Suchmaschinen ist heute von einem geringen Wiederauffindungsgrad und einer sehr schlechten
Präzision geprägt. Aus diesem Grund ist es wesentlich für die effektive und effiziente Recherche in
großen Datenbeständen, diese mittels Metadaten zu strukturieren. Dasselbe gilt analog natürlich in
Intra- und Extranets. Aus Wolf / Decker / Abecker: Unterstützung des Wissensmanagements durch
Informations- und Kommunikationstechnologie. Heidelberg 1999, S. 18                          16

# 4. Anwendungsbereiche des Intranets im Wissensmanagement

Nachdem im Kapitel 3 näher auf die Integration von WM und dessen Voraussetzungen in Bezug auf die Faktoren Mensch und Technik eingegangen, sowie eine Referenzarchitektur für ein WMS erläutert und dargestellt wurde sollen im Folgenden die Anwendungsbereiche sowie Kommunikations- und Informationsgewinnungsmöglichkeiten des Intranets im WM respektive die Eckpunkte

- innerbetriebliche Informations- und Wissensquelle Intranet
- Intranet als internes Kommunikationssystem
- interne Virtual Communities – Schwarze Bretter

im Detail berücksichtigt werden.


## 4.1. Innerbetriebliche Informations- und Wissensquelle

Der innerbetriebliche Bedarf an Informationen ist sehr hoch. Nicht selten sind diese Informationen zwar im Unternehmen vorhanden, möglicherweise schon digitalisiert, jedoch wissen die Unternehmensangehörigen nicht, wo sie diese finden können. Das Intranet bietet ihnen eine effiziente und effektive Versorgung innerhalb der einzelnen Bereiche des Unternehmens und stellt ihnen relevante Informationen bereit. Es konserviert Wissen und dient somit als Knowledge Base - aktuell generiertes Wissens wird festgehalten und jedem Mitarbeiter zur Verfügung gestellt. Hier bilden so genannte Yellow Pages (Gelbe Seiten) den Ansatz. Yellow Pages sind ein Mitarbeiterpool, in dem die Mitarbeiter nach Kriterien wie z.B. Position in der Aufbauorganisation, Projektbeteiligung des Einzelnen und des Namen registriert sind. Die Mitarbeiter können so entsprechend ihrer Qualifikation, Erfahrung und Kompetenz leicht ausfindig gemacht werden.[23] Grundlage für ein Yellow-Pages-Konzept ist die eigene Homepage eines jeden Mitarbeiters, die folgende Informationen enthalten sollte: Arbeitsgebiete, Projekterfahrungen und Kompetenzen der Vergangenheit und der Gegenwart, sowie Status der Erreichbarkeit und der Vertreter bei Abwesenheit. Dies kann nach belieben und Unternehmen spezifisch erweitert werden. Der Yellow-Pages-Dienst sollte wie eine Suchmaschine nach Schlagwörtern den gesuchten Wissensträger ausfindig machen können.

---

[23] vgl. Wissensmanagement und E-Learning (Hrsg.): Wissens-Management-Werkzeuge verfügbar unter: http://www.knowledge-managen.de/e-learning-wissensmanagement-artikel-seite25-folge6.html, Stand 21.10.2003

## 4.2. Intranet als internes Kommunikationssystem

Effiziente Kommunikationsvorgänge sind maßgeblich am Unternehmenserfolg beteiligt. Hier können Konferenzsysteme aber auch Messagingsysteme sich als sehr nützlich erweisen. Durch Konferenzsysteme können die Anwender synchron kommunizieren. Das Spektrum der angebotenen Lösungen reicht von einfachen textbasierten Systemen über Audio-konferenzsysteme bis hin zu Video- und Desktopkonferenzsystemen. Für den Austausch kurzer Textnachrichten reicht schon ein Chatserver, da er nur geringe Übertragungskapazitäten benötigt. Wesentlich effektiver – und teurer – sind Video-konferenzsysteme, die auch bewegte Bilder der Teilnehmer auf den Schirm bringen. Die Mitarbeiter müssen nicht einmal ihren Schreibtisch verlassen, um an einer Konferenz teilzunehmen, wenn die Übertragungskameras an ihrem Arbeitsplatzrechner installiert sind. In Konferenzsysteme können zusätzlich andere Anwendungen integriert werden. Häufig lassen sich auch Anwendungen einsetzen, die nicht direkt für den Mehrbenutzereinsatz konzipiert wurden. [24]

Auch wenn Systeme, die ausschließlich auf das Versenden von Nachrichten spezialisiert sind, häufig nicht als eigentliche WMS aufgefasst werden, ist diese Funktion der wesentliche und am häufigsten genutzte Bestandteil vieler WMS. Die Verwendung von E-Mail-Systemen erlaubt die einfache Handhabung von Rundschreiben, bei denen eine einmal geschriebene Nachricht anhand von Verteilerlisten gleichzeitig an mehrere Empfänger geschickt werden kann. Die Verteilerlisten können unternehmensweit von einem Administrator erstellt werden; darüber hinaus ist es jedem Nutzer möglich, eigene Verteiler zu verwenden. Neben der reinen Übertragung von Text gestatten E-Mail-Systeme auch die Versendung multimedialer Inhalte. So können Nachrichten als Voice- oder Videomail verschickt werden, wenn die Bandbreite des Unternehmensnetzwerkes der Verbreitung umfassenderer Dateien keine Grenzen setzt. Mit der elektronischen Post flutet jedoch auch eine große Menge überflüssiger Nachrichten in den elektronischen Briefkasten des Empfängers, die unter Umständen durch den Einsatz von Filtern abgefangen werden müssen. Dem Manko tragen die meisten Hersteller von Messagingsystemen Rechnung, indem sie dem Empfänger ermöglichen, Nachrichten zu löschen oder in einen Ordner zu verschieben, falls die Betreff-Zeile bestimmte Schlüsselbegriffe enthält. [25] Andere Messagingsysteme strukturieren die Konversation, um der

---

[24] vgl. Herbst, Dieter: Erfolgsfaktor Wissensmanagement. Berlin 2000, S. 128-139

[25] vgl. ebenda, S 128-140

Überflutung mit Nachrichten Herr zu werden. Dabei gehen sie meist davon aus, dass die Botschaft beim Empfänger eine Aktion auslösen soll. Je nach Art der Nachricht werden dem Empfänger mehrere Reaktionsmöglichkeiten geboten. Allerdings schränken zu starke Reglementierungen unter Umständen die Benutzerakzeptanz ein.

## 4.3. Virtual Communities - Schwarze Bretter

Schwarze Bretter im Intranet sind Synonyme für Virtual Communities im Internet. Sie werden auch als USENET News oder Newsgroups bezeichnet. Mit Bulletin-Board-Systemen lässt sich eine Art schwarzes Brett anlegen, auf dem Anrufer ihre Nachrichten hinterlassen können, die von anderen Benutzern zu einem späteren Zeitpunkt gelesen werden. Dabei lassen sie sich ähnlich wie E-Mail-Nachrichten teilweise strukturieren. Viele Systeme sortieren darüber hinaus die eingehenden Nachrichten systematisch in Newsgroups. Schwarze Bretter stellen eine wichtige Komponente für Teamarbeit dar. Die themenbezogenen abgelegten Nachrichten werden in Baumstruktur angeordnet. Alle Mitarbeiter haben die Möglichkeit, eigene Beiträge zu verfassen und hier zu veröffentlichen. Da die Nachrichten von mehreren Personen gelesen werden können, vermeiden sie die wiederholte Beantwortung gleichartiger Anfragen. Auf den schwarzen Brettern des Intranets kann man Fragen zu konkreten unternehmensspezifischen Problemen stellen, wobei die Wahrscheinlichkeit, eine passende Antwort zu erhalten, sehr hoch ist, da die Problemstellung von einer grossen Zahl an Personen gelesen wird. Entscheiden ist hier jedoch, dass es sich um Mitarbeiter handelt, die selten indirekt, aber sehr wahrscheinlich direkt daran interessiert sind ein Unternehmensproblem zu lösen. Ein Vorteil dieses Service ist, dass man so genannte Innovationsforen bilden kann, welche die Möglichkeit bieten, neue Ideen und Vorschläge zu diskutieren.[26]

---

[26] vgl. Wissensmanagement und E-Learning (Hrsg.): Wissens-Management-Werkzeuge verfügbar unter: http://www.knowledge-managen.de/e-learning-wissensmanagement-artikel-seite25-folge6.html, Stand 21.10.2003

## 5. Vorteile des WM durch das Intranet

Besonders hervorzuheben sind die sich durch die offenen Standards ergebenden Vorteile. Jeder, der über einen Browser verfügt und das entsprechende Passwort kennt, kann auf die Wissensbasis der Organisation zugreifen. Ein weiterer großer Vorteil ist, dass die Veröffentlichung von Inhalten zunehmend einfacher wird (Standardsoftware wie MS-Word bieten bereits die Möglichkeit Dokumente als HTML abzuspeichern und damit im Intranet zu veröffentlichen). Im Folgenden werde ich auf die drei Punkte:

- Informationszugriff leicht gemacht
- verbesserte Aktualisierungsmöglichkeiten
- erhöhte Wissenstransparenz

explizit eingehen.

## 5.1. Informationszugriff leicht gemacht

Das Intranet ermöglicht den Zugriff auf einen grossen Informations- und Wissenspool, der im Optimalfall das gesamte innerbetriebliche Wissen enthält. Die benutzerfreundliche Oberfläche ermöglicht auch Mitarbeitern ohne besondere Computerkenntnisse sich leicht zurechtzufinden. Der einfache und flexible Zugriff auf die aktuellen und archivierten Informationen wird z.B. durch Integration von grafischen Übersichten und Navigationshilfen erreicht. Navigationshilfen können Suchmaschinen sein, die durch Stichworteingabe das Auffinden von Dokumenten erheblich vereinfachen. Durch die Hyperlink-Struktur können ähnliche Informationen aneinandergekettet werden, was die Suche weiterhin maßgeblich vereinfacht.

Da Mitarbeiter oftmals keine Kenntnis und daher auch keinen Zugriff auf im Unternehmen vorhandene Bücher, Veröffentlichungen, Fachzeitschriften und weitere relevante Unterlagen haben, bietet sich die Integration einer virtuellen Bibliothek an.[27] Sie kann das Dokumentenmanagement unterstützen. In einer virtuellen Datenbank kann der Einzelne nach bestimmten Dokumenten suchen, die er dann entweder sofort in digitaler Form erhalten kann, sofern es sich um ins Intranet gestellte Dokumente handelt oder aber er erfährt den Standort des Dokuments. So kommt es zu einer Zeitersparnis, da das zeitaufwendige Suchen nach einem Dokument entfällt. Grundlage für die Benutzung einer solchen virtuellen Bibliothek

---

[27] vgl. Schönherr, Marten: Ein intranetbasiertes WM-System. verfügbar unter: http://www. wissensmanagement.net/ online/archiv/2000/Februar-Maerz/KnowledgeCafe.shtml, Stand 21.10.2003

muss jedoch ein Berechtigungssystem sein, welches eine unerlaubte Einsicht in die entsprechenden Dokumente verhindert.[28]

## 5.2. Verbesserte Aktualisierungsmöglichkeiten

Bei der herkömmlichen Weise der Wissensverteilung dauert es lange, bis die Information den Empfänger erreicht hat und ist dann oftmals bereits wieder überholt. Diese Art der Informationsverteilung nennt man Information just in case (= Informationen für alle Fälle). Informationen im Intranet sind dagegen Information on demand (= Informationen auf Abruf).[29] Bei diesen Informationen kann man davon ausgehen, dass sie aktuell sind, da der neuste Stand der Kenntnisse einmal ins Intranet gestellt wird und dann jedem Mitarbeiter zugänglich ist. So kommt es nicht zu einem langen Weg vom Träger zum Empfänger, was zeit- und kostensparend ist. Greift der Mitarbeiter dann auf Informationen aus dem Intranet zurück, kann er davon ausgehen, dass sie sich auf dem aktuellsten Stand befinden. Das Intranet ist vor allem wichtig für Betriebe mit vielen Niederlassungen an unterschiedlichen Orten, da die Informationen von allen Niederlassungen aus zugänglich sind und somit kein unterschiedliches Wissen zur Verfügung steht. So kommt es zu einer Akkumulation von Wissen, welches ständig aktualisiert wird.[30]

## 5.3. Erhöhte Wissenstransparenz

Ein Intranet versteht sich als ein offenes Netzwerk eines Unternehmens - die Informationen können abgerufen werden, gleichzeitig können die Mitarbeiter auch ihre selbst verfassten Texte hier publizieren. So nehmen sie aktiver und integrativer am Betriebsgeschehen teil. Da die im Intranet gespeicherten Informationen im allgemeinen auch den Namen des Verfassers enthalten, ist der Ansprechpartner für Rückfragen ebenfalls direkt bekannt. Das Intranet führt somit zu einer schnelleren, effizienteren und effektiveren Zusammenarbeit der einzelnen Abteilungen untereinander. Ziel muss die Schaffung einer ständigen Transparenz des intern vorhandenen bzw. extern zugänglichen Wissens sein.

---

[28] vgl. Schönherr, Marten: Ein intranetbasiertes WM-System. verfügbar unter: http://www.wissensmanagement.net/ online/archiv/2000/Februar-Maerz/KnowledgeCafe.shtml, Stand 21.10.2003

[29] vgl. Heinhold, Spiller und Partner (Hrsg.): Präsentation zum Thema Wissensmanagement verfügbar unter: http://www.hspartner.de/jsp292/source/site/content/publikationen/vortraege/Wissensmanagement.ppt , Stand 21.10.2003

[30] vgl. Pavone AG (Hrsg.): Knowledge Management verfügbar unter: http://www.pavone.de/pages.nsf/goto/knowledge_management, Stand 21.10.2003

# 6. Schlusswort

Generationsproblematik und Fluktuation veranlassen immer mehr Unternehmen sich Gedanken darüber zu machen, wie man personengebundenes Wissen weiterhin an den benötigten Stellen zur Verfügung halten kann, wenn Mitarbeiter diese Stellen verlassen. Um einen plötzlichen Verlust dieses Wissens zu vermeiden, gilt es rechtzeitig Strategien zu entwerfen, die in einem umfassenden Ansatz das Problem lösen. Dabei geht es nicht nur darum Wissen in die IT zu überführen, sondern beispielsweise auch neue Formen der Einbindung von Mitarbeitern zu berüksichtigen, die früher an den betreffenden Stellen gearbeitet haben. Selbst in konjunkturell schwachen Zeiten hat die Einsicht, dass Wissen zu einer der wichtigsten Ressourcen zählt, nicht an Attraktivität verloren. Wissensmanagement steht dabei für zahlreiche Aktivitäten, die in Unternehmen unternommen wurden und werden, um die Ressource Wissen besser zu managen. Intranet, die digitale interne Informations- und Kommunikationsversorgung, hat sich als ein sinnvoller „Case" entwickelt, der dazu beiträgt das Managen von Wissen umsetzbar zu machen. Die mit der Einführung eines Intranets erreichbaren Kosteneinsparungen haben den Trend zur Einführung von Intranets verstärkt. Den Bezug zur Technik veranschaulicht Davenport: „Effective Management of knowledge requires hybrid solutions of people and technology." Es gibt Dinge, die Menschen sehr gut beherrschen. Andere Dinge werden besser von Computern erledigt.[31]

Lautet die Aufgabe, Wissen zu verstehen, vor einem breiteren Kontext zu interpretieren, mit anderen Informationen zu kombinieren oder unstrukturiertes Wissen zu verdichten, so kommen die Stärken des Menschen zum Tragen. Informations- und Kommunikationssysteme sind besser geeignet zur Gewinnung, Transformation, Speicherung und Verteilung von strukturiertem Wissen, besonders wenn es sich in kurzer Zeit stark verändert. Bei der Erledigung von Routinefunktionen wie Suchen oder Sortieren sind sie dem Menschen weit überlegen. Bei der Bearbeitung von wenig strukturiertem Material werden Computersysteme zwar immer leistungsfähiger, jedoch nutzen die wenigsten Personen diese Funktionalität, wenn sie sich ein umfassendes Bild über eine bestimmte Wissensdomäne auch durch menschliche Kommunikation verschaffen können. Wissensmanagementsysteme machen nur dann Sinn, wenn sie auch genutzt werden, und die Nutzer sind letztendlich Menschen, die es zu motivieren gilt. Besonders die Eingabe von eigenem Wissen in Datenbanken ist einerseits

---

[31] vgl. Wolf / Decker / Abecker: Unterstützung des Wissensmanagements durch Informations- und Kommunikationstechnologie. Heidelberg 1999 S. 3 verfügbar unter http://wi99.iwi.uni-sb.de/teilnehmer/pdf-files/EF_36_WiB101.pdf, Stand 21.10.2003

mit Aufwand verbunden, andererseits können beliebige Personen darauf zugreifen, was die eigene Vormachtstellung als Experte schmälern kann. Der Faktor Mensch wird auch hier das Maß aller Dinge bleiben. Deshalb ist Wissensmanagement zunächst eine Kultur – eine Kultur, die durch Menschen vorgelebt werden muss und durch den Faktor Technik, z.B. hier das Intranet verbessert werden kann. Insgesamt ergibt sich ein sehr großes Nutzenpotential insbesondere durch intranetbasierte Wissensmanagement-Strategien. Dieses Potential kann aber nur genutzt werden, wenn die entsprechenden Werkzeuge – z.B. ein Intranetportal – auch tatsächlich von den Anwendern verwendet und akzeptiert werden.

# 7. Literatur- / Quellenverzeichnis

Euroforum (Hrsg.): Informations- und Wissensmanagement im Intranet. Mainz 2003 verfügbar unter: http://www.euroforum.de/DATA/pdf/P16071.pdf

Gerber / Trojan: Ressource Wissen besser nutzen. 2002, verfügbar unter: http://www.wissensstrategie.de/arbeitsrecht.pdf

Gronau, N.: Das Knowledge Content Management System - Ein Konzept zur Integration von Content Management und Wissensmanagement, DNUG-Arbeitskreis Knowledge Management, Bonn 17.06.02 verfügbar unter: http://www-wi.informatik.uni-oldenburg.de/homepage/oldenburg.nsf/0/f353a968e083e24cc1256c620032645f/$FILE/Vortrag%20WI-2002-04.pdf

Haak, Liane: Konzeption zur Integration eines Data Warehouse mit WMS. Oldenburg verfügbar unter: http://www-wi.informatik.uni-oldenburg.de/homepage/oldenburg.nsf/0/f2124b73b02f1467c1256c5c0032b171/$FILE/WI-2002-12.pdf

Heinhold, Spiller und Partner (Hrsg.): Präsentation zum Thema Wissensmanagement verfügbar unter: http://www.hspartner.de/jsp292/source/site/content/publikationen/vortraege/Wissensmanagement.ppt

Herbst, Dieter: Erfolgsfaktor Wissensmanagement. Berlin 2000

Höring Management Consulting (Hrsg.): Definition Wissensmanagement verfügbar unter: http://www.hmc-cp.de/def/def_wissmgt.htm

North, Klaus: Wissensorientierte Unternehmensführung. Wiesbaden 2002

OsthusEBusiness (Hrsg.): Intranet verfügbar unter: http://www.osthus.de/Service/Glossar/Intranet

Pavone AG (Hrsg.): Knowledge Management verfügbar unter: http://www.pavone.de/pages.nsf/goto/knowledge_management

Schönherr, Marten: Ein intranetbasiertes WM-System. verfügbar unter: http://www.wissensmanagement.net/online/archiv/2000/Februar-maerz/KnowledgeCafe.shtml

Schwarze, Jochen: Einführung in die Wirtschaftsinformatik. 5., völlig überarbeitete Auflage, Herne/Berlin 2000

Steufmehl, Ingo: Wissens - & Medienmanagement für Pädagogen. Verfügbar unter: http://www.unibw-muenchen.de/campus/Paed/we2/mp/Studienhilfen/Texte/Steufmehl/bausteine_wissensmanagement_2.pdf

TU München (Hrsg.): Definition Wissensmanagement verfügbar unter: http://www11.in.tum.de/lehre/lectures/ws2001-02/cscw/extension/html/cscw_course5.8.3.html

Wissensmanagement und E-Learning (Hrsg.): Wissens-Management-Werkzeuge verfügbar unter: http://www.knowledge-managen.de/e-learning-wissensmanagement-artikel-seite25-folge6.html

Wolf / Decker / Abecker: Unterstützung des Wissensmanagements durch Informations- und Kommunikationstechnologie. Heidelberg 1999 verfügbar unter: http://wi99.iwi.uni-sb.de/teilnehmer/pdf-files/EF_36_WiB101.pdf

Wolff, Peter K.: Wertschöpfung durch Wissensmanagement. verfügbar unter: http://www.die-wissensmanager.de/content/wertschoepfung_durch_wissensmanagement.pdf

www.ingramcontent.com/pod-product-compliance
Lightning Source LLC
LaVergne TN
LVHW042259060326
832902LV00009B/1146